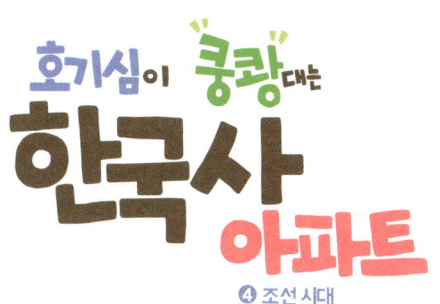

호기심이 쿵쾅대는
한국사 아파트 ❹ 조선 시대

지은이 윤희진
펴낸이 정규도
펴낸곳 (주)다락원

초판 1쇄 발행 2019년 2월 8일
    2쇄 발행 2022년 5월 10일

편집총괄 최운선
책임편집 박현혜
디자인 김성희, 이승현
일러스트 신혜진

다락원 경기도 파주시 문발로 211
내용문의 (02) 736-2031 내선 276
구입문의 (02) 736-2031 내선 250~252
Fax (02) 732-2037
출판등록 1977년 9월 16일 제406-2008-000007호

Copyright © 2018, 윤희진

저자 및 출판사의 허락 없이 이 책의 일부 또는 전부를 무단 복제·전재·발췌할 수 없습니다. 구입 후 철회는 회사 내규에 부합하는 경우에 가능하므로 구입문의처에 문의하시기 바랍니다. 분실·파손 등에 따른 소비자 피해에 대해서는 공정거래위원회에서 고시한 소비자 분쟁 해결 기준에 따라 보상 가능합니다. 잘못된 책은 바꿔 드립니다.

ISBN 978-89-277-4731-4 74900
ISBN 978-89-277-4688-1 74900(세트)

http://www.darakwon.co.kr
다락원 홈페이지를 통해 인터넷 주문을 하시면 자세한 정보와 함께 다양한 혜택을 받으실 수 있습니다.

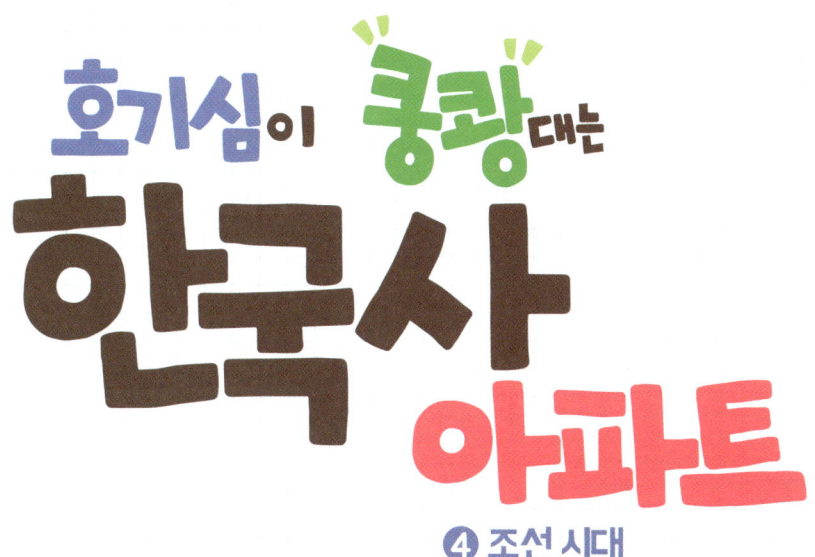

④ 조선 시대

글 윤희진

그림 신혜진
감수 김태훈

다락원

차례

601호 조선 시대: 둥!둥! 뎅!뎅! 얼쑤!얼쑤! 우르릉쾅!우르릉쾅! ··· 6

조선 시대: 소리의 정체 ·················· 14

조선 시대의 보다 자세한 이야기 ·············· 24

호기심의 한국사 노트 조선 시대 ················ 116

안녕! 내 이름은 **기심**이야. **호기심!**

내가 사는 **아파트**엔
다양한 사람들이 살고 있어.
어떤 사람이 사는지 **궁금**하지만,
알지는 못해.

그런데 우리 아파트에서는 매일 다른 **소리**가 나.
도대체 **누가? 왜?**
그런 소리를 내는 걸까?

아! 도저히 못 참겠어.
소리의 정체가 무엇인지
우리 한번 찾아가 보자!

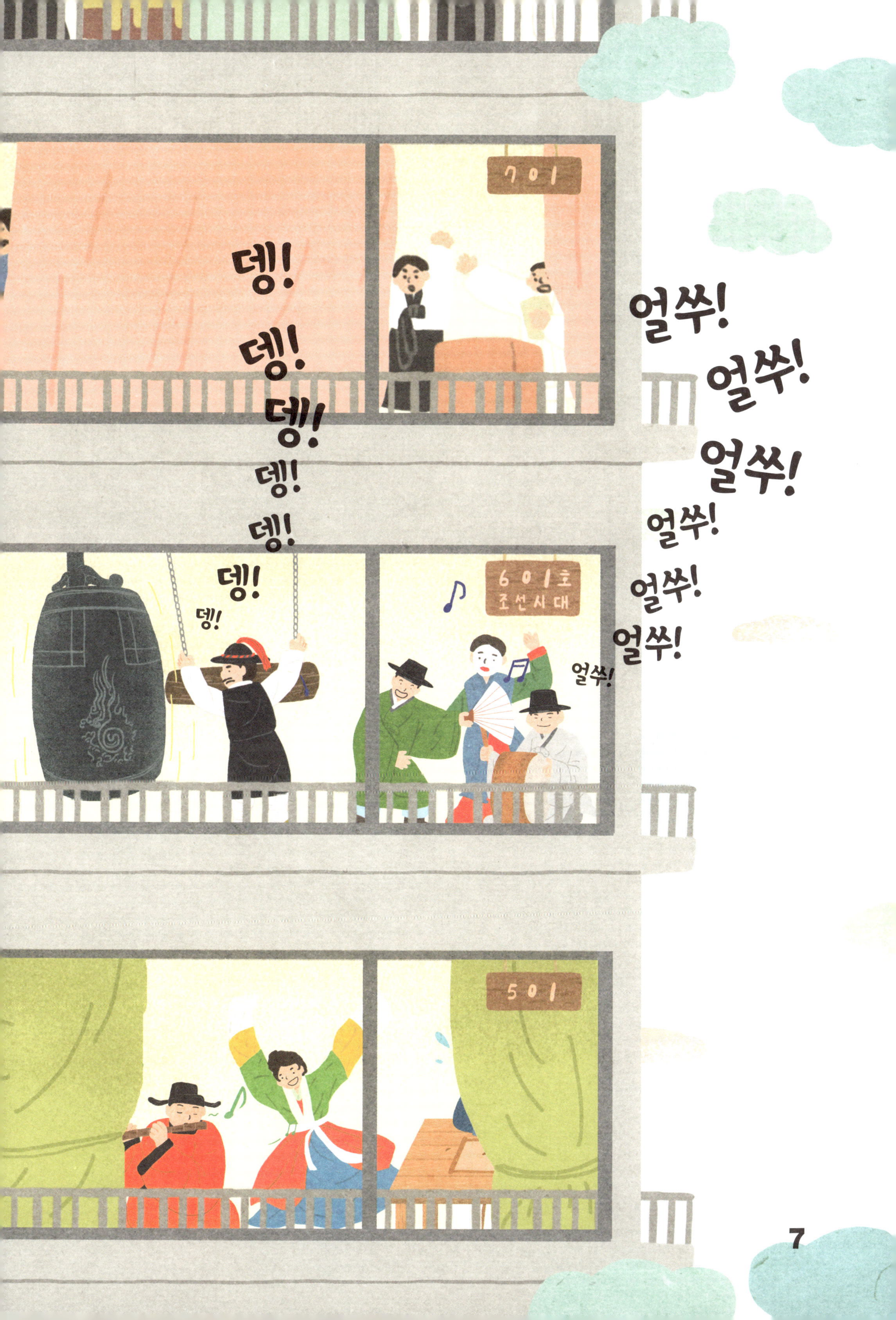

둥! 둥!

뎅! 뎅!

휴, 우리 아파트는 왜 이렇게 **시끄러울까**?
신기하게 내가 **역사책**만 읽으려고 하면 이런다니까.
도대체 누가 살길래 이런 **이상한 소리**를 내는 거지?

얼쑤! 얼쑤!

우르릉쾅!
우르릉쾅!

안 되겠다. 아, 궁금해.
한번 찾아가 볼까!

딩동! 딩동!

"누구세요?"

"전 이 아파트에 사는 기심이라고 하는데요, 호기심요. 저……."

"아, 반가워. 들어와."

601호 조선 시대 : 소리의 정체

둥! 둥!

조선 시대 사람이 커다란 북을 치는 소리였구나!

무슨 일이길래 저렇게 **화가 난 얼굴로** 북을 치는 걸까?

뎅! 뎅!

종루에 매달린 큰 종이 울리는 소리였네!

저거였어!

그런데 왜 이른 **아침부터** 종을 서른세 번이나 치는 거지?

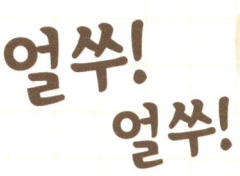

장터에서 소리꾼이 북소리 장단에 맞추어 노래하는 소리였구나!

아하~

얼마나 **재미있길래** 저렇게 많은 사람이 모여 넋을 놓고 **듣고 있는** 걸까?

바다에 떠 있는 낯선 배에서 대포를 쏘는 소리였네!

그렇구나!

도대체 왜 저 **낯선 배**에서 우리 땅으로 **대포를 쏘는** 거야?

둥! 둥!

조선 시대 백성이 커다란 북을 치고 있네요.

조선의 제3대 왕인 태종은 궁궐 앞에 신문고를 내걸었어요.
억울한 일을 당한 사람은 누구든 북을 울려 자신의 사정을 알리라는 뜻이었지요.
북을 친 사람의 억울한 사정이 사실이면 닷새 안에 해결해 주겠다고 했어요.
하지만 만일 거짓일 경우에는 벌을 주었지요.
욕심 많은 관리가 억지로 남의 노비를 빼앗자
노비 주인이 신문고를 울려 이를 고발한 일도 있었어요.
결국 노비 주인은 노비를 되찾았고, 욕심 많은 관리는 고향에서 쫓겨났어요.
지금은 인터넷으로 자신의 억울한 사정을 언제든지 알릴 수 있지만,
조선 시대에는 신문고로 자신의 억울함을 세상에 알렸던 거예요.
이후 윗사람을 고발하는 일로 신문고를 울리지 못하게 막았지만요.
둥! 둥!
이 소리는 조선 시대 백성이
자신의 억울함을 알리기 위해 북을 치는 소리랍니다.

뎅! 뎅!

종루에 매달린 종이 울리고 있어요.

새벽 4시, 서른세 번의 종소리가 울리며 밤새 닫혀 있던 한양의 문들이 열려요.
그런데 왜 종소리로 시간을 알려 주었을까요?
지금처럼 휴대 전화나 손목시계가 없었거든요.
일반 백성은 해가 뜨고 지는 것을 보며 시간을 짐작할 뿐이었지요.
왕이 사는 궁궐이나 관청에서는 해시계나 물시계로 시간을 쟀어요.
따라서 정확한 시간을 나라가 알려 주어야 했어요.
하지만 해시계는 비가 오거나 해가 진 다음에는 시간을 알 수 없었고,
물시계도 사람이 눈금을 직접 보고 알려야 하니 실수할 때가 종종 있었어요.
그러다 세종대왕의 명령에 따라 장영실이
자동으로 시간을 알려 주는 자격루를 만들었고,
자격루의 시간에 맞추어 종루의 종이 울리기 시작했지요.
이제 조선에서도 정확한 시간을 잴 수 있게 된 거예요.
뎅! 뎅!
이 소리는 조선 시대 백성에게
아침의 시작을 알려 주는 소리랍니다.

얼쑤! 얼쑤!

소리꾼이 신명 나는 판소리를 하고 있어요.

조선 후기에 들어와 마을에서는 오일장이 서곤 했어요.
오일장은 닷새마다 열리는 시장을 말해요.
사람들이 많이 모이는 장이 서면 이것저것 먹을거리도 많았지만,
다양한 볼거리도 많았어요.
익살스러운 표정의 탈을 쓰고 탈춤놀이를 하는 광대도 있었고,
옛이야기를 노랫가락에 실어 들려주는 판소리도 인기가 많았어요.
북소리 장단과 "얼쑤! 얼쑤!" 하는 추임새에 맞추어 펼쳐지는
소리꾼의 이야기에 수많은 사람이 함께 웃고, 때로는 눈물을 흘렸지요.
무슨 이야기를 들려주었냐고요?
흥부전, 심청전, 춘향전 같은 이야기들이에요.
이런 이야기들을 책으로 읽기도 했지만, 판소리로 듣는 재미도 컸거든요.
텔레비전이 없던 조선 시대에 가장 재미있는 오락 시간이었던 거지요.
얼쑤! 얼쑤!
이 소리는 조선 시대 장터에서 소리꾼이 들려주는
재미나는 이야기에 추임새를 넣는 소리랍니다.

우르릉쾅! 우르릉쾅!

낯선 배에서 우리 땅으로 대포를 쏘고 있어요.

1800년대가 되면서 조선의 바닷가에 낯선 배들이 자주 보이기 시작했어요.
우리나라 배와는 모양이 다른 이런 배들을 이양선이라고 해요.
영국, 프랑스, 미국 등에서 온 배였지요.
때로는 그냥 지나가는 배도 있었지만,
우리 땅에 총과 대포를 쏘며 물건을 빼앗아 가는 배도 있었어요.
이 배들은 조선과 통상을 하려고, 그러니까 물건을 사고팔려고 찾아온 거예요.
하지만 조선은 다른 나라와 통상할 뜻이 없었어요.
그러다 프랑스, 미국에서 온 배들과 충돌이 발생하기도 했어요.
결국은 대포를 앞세운 일본의 요구에 항구를 열고,
통상을 약속하는 강화도 조약을 맺었어요.
그것을 시작으로 미국, 영국 등과도 통상 조약을 맺어야 했지요.
우르릉쾅! 우르릉쾅!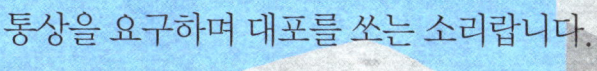
이 소리는 조선의 바다에 나타난 이양선이
통상을 요구하며 대포를 쏘는 소리랍니다.

601호
조선 시대의 보다 자세한 이야기

이성계가 조선을 세웠어요

1392년 마침내 이성계가 왕위에 올랐어요.
이성계는 새로운 나라의 이름을 조선이라 하고,
지금의 서울인 한양으로 수도를 옮겼어요.
나라의 중심에 위치한 한양은 뱃길과 수렛길이 모두 편리하고,
산과 강의 모양이 아름다워 수도로 삼기에 좋은 곳이었죠.

한양에 경복궁을 지어요

한양에 왕이 사는 경복궁을 짓고, 그 좌우에 종묘와 사직단을 세웠어요.
종묘는 왕의 조상신을 모시는 곳이고,
사직단은 땅과 곡식의 신에게 제사를 지내는 곳이에요.
또 경복궁의 정문인 광화문 앞으로 큰길을 내어 나라의 중요한 관청을 두었어요.
지금의 종로 거리에는 여러 가게가 늘어선 시장 거리를 만들었고요.

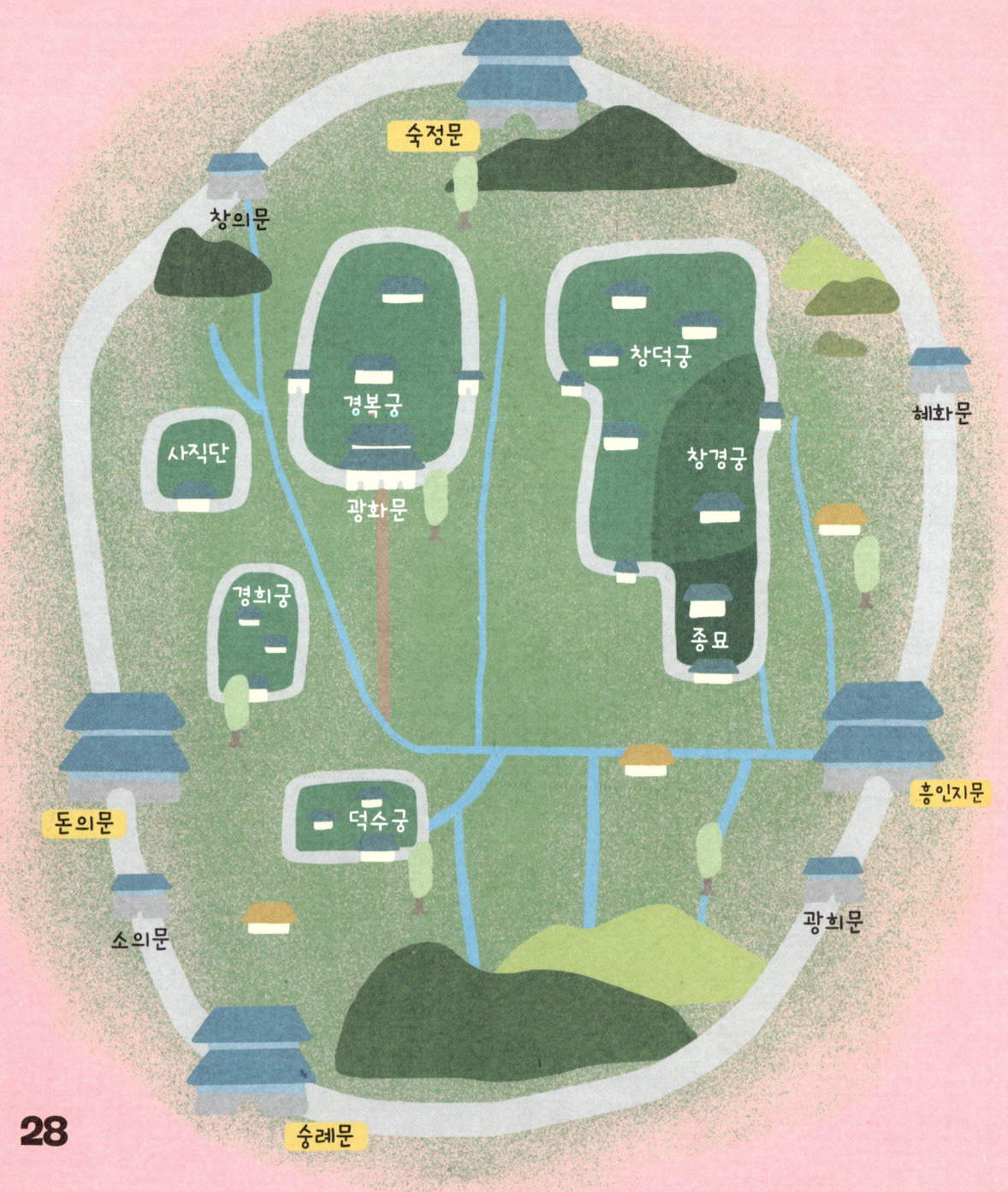

사대문을 통해 한양성에 들어와요

왕이 사는 경복궁 주변에 성을 쌓고, 한양 둘레에도 크게 성을 쌓았어요.
성 주변에는 사람들이 드나들 수 있도록
네 개의 큰 문과 네 개의 작은 문을 만들었고요.
동서남북에 각각 세워진 큰 문의 이름은 흥인지문, 돈의문, 숭례문, 숙정문이에요.

새벽 4시에 문을 열고, 밤 10시에 문을 닫아요

한양의 문은 새벽 4시에 열리고, 밤 10시에 닫혔어요.
새벽 4시가 되면 종을 서른세 번 쳐서 문이 열리는 것을 알렸고,
밤 10시에는 종을 스물여덟 번 쳐서 문이 닫힌다고 알렸지요.
문이 닫혀 있을 때는 한양으로 들어오지 못할 뿐만 아니라,
한양 안에서도 돌아다니지 못했어요.
이때 돌아다니다 잡히면 곤장을 맞았대요.

양반들은 북쪽에 살아요

한양의 중심을 가로지르며 청계천이 흘렀어요.
이 청계천을 가운데 두고 양반들은 주로 북쪽에 살았어요.
궁궐과 관청, 학교 등이 북쪽에 있었거든요.
남쪽에는 일반 백성이 살았고,
시장이 가까웠던 청계천 주변에는 상인들이 살았지요.

조선의 사상, 성리학

이성계를 도와 조선을 세운 세력은 신진사대부였어요.

신진사대부는 유학의 한 갈래인 성리학을 공부한 선비들을 말해요.

이들은 고려에서 믿던 불교를 비판하고 성리학의 사상에 따라 조선을 세웠어요.

따라서 조선의 법과 제도는 성리학을 바탕으로 만들어졌어요.

제사와 예의범절이 중요해요

성리학은 조상에 대한 제사와 예의범절을 중요하게 생각했어요.
부모님이 돌아가시면 묘소를 만들고 3년 동안 옆에서 지켜야 했지요.
또 신분의 차이와 남녀의 차이는 더욱 뚜렷해지고,
어른과 아이 사이의 예절도 이전보다 엄격해졌어요.
성리학자들은 물질보다 정신을 중요하게 생각했고,
화려한 것보다 소박한 것을 더 좋아했어요.

이성계를 도와 조선을 세운 정도전

정도전은 이성계가 조선을 세우는 데 가장 큰 힘이 되어준 신하예요.
조선이라는 나라를 어떻게 다스려야 하는지 기초를 다진 사람이기도 하고요.
한양을 설계하고, 경복궁을 비롯한 주요 건물과 성문의 이름을 짓기도 했지요.
그런데 정도전은 왕이 똑똑한 신하들을 뽑아
이들과 함께 나라를 다스려야 한다고 생각했어요.
이성계의 아들들은 정도전의 생각에 찬성하지 않았지만요.

경복궁이 어떨까요?

이성계의 아들들

이성계에게는 여덟 명의 아들이 있었어요.
첫째부터 여섯째까지는 첫 번째 왕비인 신의왕후가 낳은 아들이었는데,
신의왕후는 일찍 세상을 떠났어요.
그리고 두 번째 왕비인 신덕왕후가 일곱째 아들과 여덟째 아들을 낳았지요.
이성계는 신덕왕후를 많이 아꼈어요.

왕자의 반란

이성계는 막내인 이방석을 세자로 삼았어요.
세자로 삼았다는 말은 다음 왕위를 물려주겠다는 뜻이에요.
정도전도 이방석이 이성계의 뒤를 잇는 것에 찬성했어요.
하지만 조선을 세우는 데 큰 공을 세운 다섯째 아들 이방원은 몹시 화가 났어요.
결국 이방원은 아버지인 이성계가 아픈 틈을 타서
이방석과 정도전 등을 죽이고, 자신의 형인 이방과를 새로운 왕으로 세웠지요.

왕위에 오른 이방원

이방과가 조선의 제2대 왕인 정종이 되었지만,
실제 권력은 이방원이 쥐고 있었어요.
이를 못마땅하게 여긴 넷째 아들 이방간이
이방원에게 도전했다가 실패하고 말아요.
이 일을 계기로 이방원은 조선의 제3대 왕인 태종의 자리에 올랐어요.

태종이 왕권을 튼튼하게 만들어요

이방원은 왕의 힘이 강해야 한다고 생각했어요.
왕에게 위협이 될 만한 사람들은 죽이거나 먼 곳으로 쫓아내고,
왕이 직접 나랏일을 챙길 수 있도록 제도를 바꾸었지요.
왕권이 튼튼해진 조선은 안정을 찾고 발전하기 시작해요.

호패를 차고 다녀요

태종 때부터 전국에 호패법이 시행되었어요.
열여섯 살 이상의 모든 남자는 호패를 차고 다녀야 했어요.
호패는 상아나 나무로 만든 작은 네모 조각에
이름, 태어난 해, 사는 곳 등을 적은 것을 말해요.
자신이 누구인지를 증명하는 표시인 거죠.
세금을 내야 하는 사람 수를 정확히 알아내기 위해 만들어진 제도예요.

억울한 일이 있으면 신문고를 울려요

태종은 궁궐 밖 문 위에 신문고라는 큰 북을 매달아 놓았어요.
억울한 일이 있으면 그 북을 쳐서 자신의 사정을 말하라는 뜻이었지요.
처음에는 많은 사람이 신문고를 울려 자신의 억울함을 알렸지만,
북 치는 사람이 많아지자 절차가 점점 까다로워졌어요.
그래서 나중에는 한양의 관리들만 가끔 이용할 뿐
일반 백성들은 신문고를 거의 울릴 수 없었대요.

셋째 아들에게 왕위를 물려준 태종

태종에게는 세 명의 아들이 있었어요.
처음에는 첫째 아들인 양녕대군을 세자로 삼아 왕위를 물려주려고 했지요.
하지만 양녕대군은 술과 놀이를 좋아하고 사고를 자주 쳤어요.
결국 태종은 성실하고 총명했던 셋째 아들 충녕대군에게 왕위를 물려주었어요.
충녕대군이 나라를 더 잘 다스릴 거라고 생각했기 때문이에요.
충녕대군이 바로 세종대왕이에요.

가장 위대한 왕, 세종

세종은 성실하고 책을 아주 좋아했어요.
수많은 책을 읽으며 중국과 우리의 옛 자료를 참고하고,
백성과 신하의 의견을 귀담아들으며 조선의 법과 제도를 만들어 나갔지요.
예술과 과학에도 관심이 많아 문화와 기술도 크게 발전시켰고요.
세종은 조선 시대 왕들 가운데 가장 많은 업적을 남긴 왕이에요.

한글을 만들었어요

세종은 백성을 많이 사랑한 왕이기도 해요.
백성의 죄를 너그럽게 용서하고, 자주 은혜를 베풀어 주었지요.
백성들 누구나 글자를 읽고 쓸 수 있도록 훈민정음을 만들기도 했고요.
훈민정음은 백성을 가르치는 바른 소리라는 뜻으로,
오늘날 우리가 사용하는 한글을 말해요.

조선 최고의 과학자, 장영실

장영실의 신분은 노비였어요.
조선 시대에는 부모가 노비이면
아무리 능력이 뛰어나도 평생 노비로 살아야 했어요.
하지만 태종이 궁궐로 불러들일 만큼 장영실은 능력이 뛰어난 인재였어요.
특히 세종은 장영실의 재능을 인정하여 벼슬을 주고,
중국으로 유학도 보내 주었지요.
자신의 능력을 펼칠 기회를 얻은 장영실은 자동으로 시간을 알려 주는
물시계인 자격루를 비롯해 해시계인 앙부일구 등을 만들어
조선의 과학 기술을 크게 발전시켰어요.

어린 임금, 단종

세종의 아들인 문종은 몸이 약했어요.
왕위에 오른 지 2년 만에 세상을 떠나고 말았지요.
그러자 문종의 아들 단종이 조선 제6대 왕이 되었는데,
당시 그의 나이는 겨우 열두 살이었어요.
단종에게는 아버지뿐만 아니라
어머니, 할아버지, 할머니가 모두 돌아가시고 없었어요.
문종의 형제들인 삼촌들만 있었지요.

조카의 왕위를 빼앗은 세조

문종은 죽기 전에 믿을 만한 신하들인 김종서, 황보인 등에게
어린 단종을 잘 부탁한다고 유언했어요.
그래서 단종이 왕위에 오른 뒤에는
신하들이 중심이 되어 나랏일을 결정했지요.
왕의 삼촌인 수양대군은 이것이 못마땅했어요.
왕보다 신하의 힘이 세다니!
결국 수양대군은 김종서 등을 처형한 뒤, 단종을 쫓아내고 왕위를 차지했어요.
수양대군이 바로 조선의 제7대 왕인 세조예요.

세조를 도왔던 사람들

세조가 어린 조카를 내쫓고 왕위에 오르자
단종을 불쌍히 여기고 세조를 비난하는 사람들이 많아졌어요.
그러자 세조는 자신을 도와준 사람들에게
많은 땅과 노비를 주며 힘을 실어 주었지요.
이후 세조를 따르는 세력은 재물과 권력을 바탕으로
조선 사회를 쥐락펴락했어요.
조금 어려운 말이긴 하지만, 역사에서는 이들을 훈구파라고 불러요.

훈구파 대 사림파

세조의 뒤를 이어 왕이 된 예종, 성종 등은 모두 젊은 왕이었는데,
나이 많은 훈구파가 나랏일을 자기들 마음대로 하자 불만이 많았어요.
그래서 성종은 지방에서 열심히 공부하던 젊은 선비들을 불러 벼슬을 줬어요.
이 젊은 선비들을 사림파라고 해요.
이렇게 성종은 훈구파와 사림파가 서로 균형을 이루게 하여
왕권을 안정시켰어요.

성종의 아들, 연산군

성종은 첫 번째 부인이 일찍 죽자 후궁 윤씨를 왕비로 맞았어요.
윤씨는 왕비가 된 뒤 곧 왕자를 낳았지만, 성종과 사이가 점점 안 좋아졌어요.
결국 성종은 윤씨를 내쫓았고, 사약까지 내려 죽이고 말았죠.
그런데 성종과 윤씨 사이에서 태어난 왕자가
다음 왕위를 이어받아 연산군이 되었어요.

연산군이 왕의 자리에서 쫓겨났어요

연산군은 왕이 되기 전까지 어머니의 일을 알지 못했어요.

어느 날, 한 신하가 연산군에게 어머니에 대해 말해 주었지요.

이후 연산군은 어머니의 복수를 위해 많은 사람들을 죽였어요.

또 나랏일에 관심을 잃어 흥청망청 놀기만 했고요.

그러다 결국 왕의 자리에서 쫓겨나고 말았지요.

그래서 세종이나 성종 같은 왕의 이름을 받지 못한 채 연산군이라고 불려요.

양인과 천인으로 신분이 나뉘어요

조선 시대 신분은 크게 양인과 천인으로 나뉘었어요.
양인은 다시 양반, 중인, 상민으로 나뉘었고요.
이중 양반은 가장 특별한 신분으로, 과거 시험을 통해 관리가 될 수 있었지요.
중인은 양반보다는 아래의 신분으로 의사인 의관, 통역관인 역관,
법률가인 율사 등이 여기에 속해요.
상민은 대부분이 농민이었고, 천인은 노비나 백정, 광대들을 말해요.

양인들은 나라에 세금을 내요

조선 시대 양인들은 나라에 세금을 냈어요.
땅에 대한 세금을 쌀로 내고, 그 지역의 특산물을 바쳐야 했어요.
또 군인이 되어 나라에 봉사해야 했고요.
하지만 양반은 세금을 면제받았지요.

조선의 법, 경국대전

조선의 제9대 왕인 성종 때 경국대전이 완성되었어요.
경국대전은 정치, 사회, 경제 등과 관련된
조선의 다양한 법을 모아 정리한 책이에요.
관리를 뽑는 방법부터 세금을 거두는 법,
죄를 지으면 어떤 벌을 받는지 등 자세한 내용이 실려 있지요.

양반의 집

양반들의 집은 기와로 지었지만, 화려하지는 않았어요.
집 안쪽에 여자들이 생활하는 안채가 있고,
바깥쪽에는 남자들이 머무르며 손님들을 접대하는 사랑채가 있었어요.
조상님을 모시는 사당은 가장 안쪽에 있었고요.

선비의 생활

성리학을 공부하는 양반들은 스스로 선비라 하며 엄격한 생활을 했어요.
해가 뜨기 전에 일어나 세수하고 옷차림을 단정히 한 뒤,
부모님에게 문안 인사를 드렸지요.
선비들은 온종일 바른 자세로 앉아 책을 읽었는데,
결코 비스듬히 기대거나 자리에 눕지 않았대요.
벼슬길에 나아가 자신의 뜻을 펼치기 위해 열심히 공부했어요.

과거를 보려고 열심히 공부해요

과거 시험에 합격해야 벼슬길에 나아갈 수 있었기 때문에
양반가의 아들들은 어릴 때부터 글공부를 열심히 했어요.
지금의 초등학교인 서당에서 한자를 먼저 익히고,
지금의 중, 고등학교인 향교나 서원에서 공부한 다음, 성균관에 들어갔지요.
성균관은 지금의 대학교라 할 수 있는 곳이에요.

양반가 여성들

양반가의 마님들은 여자 종들을 이끌고 집안일을 챙겼어요.
음식 만들기, 바느질하기, 아이 돌보기 등의 일은 거의 종들이 했지만
제사상을 차리는 일과 손님 접대는 마님이 직접 했어요.

양반가 여성들도 공부했을까?

조선 시대에는 여성들이 다닐 수 있는 학교가 없었어요.
아버지가 총명한 딸에게 직접 공부를 가르치는 경우는 있었지요.
신사임당처럼 엄마가 딸에게 공부를 가르치기도 했고요.
한문을 배운 여성은 많지 않았지만, 대부분 한글을 읽고 쓸 줄은 알았어요.

집안일은 노비가 해요

양반가에서 실제 집안일과 농사일을 하는 것은 노비였어요.
밥 짓기, 빨래하기, 바느질하기 등 집안일을 맡아 하는 여자 종들이 있었고,
농사짓기, 소 키우기, 심부름 등의 일을 하는 남자 종들이 있었어요.
이름 있는 양반가에는 노비가 수백 명씩이나 있었대요.
하지만 노비를 많이 두지 못한 가난한 양반들은
직접 농사를 짓고 집안일을 돌보기도 했어요.

농부의 초가집

농사를 짓는 백성이 사는 집은 보통 초가집이었어요.
방과 마루, 부엌이 있는 안채가 있고,
마당 건너편에 변소와 외양간, 창고 등을 두었지요.
돌로 쌓은 담 바깥쪽으로 작은 텃밭이 있었고요.

농부의 생활

직접 농사를 짓는 백성은 아침 일찍부터 농사일을 시작했어요.
조선 시대에는 농사짓는 방법이 많이 발달했지만,
그래도 가뭄이 들거나 홍수가 나면
일 년 치 먹을거리를 마련하지 못하기도 했지요.
농사일 틈틈이 가축을 돌보고 짚신을 만들거나
고장 난 농기구를 고치다 보면 쉴 새가 없었어요.

농부의 아내

농부의 아내도 일 년 내내 바쁘기는 마찬가지였어요.
밥을 짓고 아이를 기르고 빨래를 하는 것은 물론, 옷감도 짜야 했거든요.
삼베나 무명으로 옷감을 짜서 집안 식구들이 입을 옷을 만들기도 했지만,
나라에 세금으로도 바쳐야 했어요.
또 틈틈이 텃밭을 가꿔 반찬거리도 직접 길러 냈고요.

아름다운 백자

고려 시대에는 청자가 아름다웠지만,
조선 시대에는 하얀색 도자기인 백자가 유행했어요.
백자에 청색이나 갈색으로 무늬를 그려 넣기도 했고요.
하지만 소박한 아름다움을 좋아했던 조선 시대 선비들은
무늬가 없는 하얀색 백자를 더 좋아했대요.

겨울밤에는 윷놀이를 해요

일반 백성은 먹고살기 힘든 시절이었지만, 맨날 일만 했던 것은 아니에요.
농사일이 덜 바쁜 겨울에는 함께 모여 윷놀이도 하고,
말재주가 있는 사람이 들려주는 옛이야기에
시간 가는 줄 모르고 빠져들기도 했대요.

풍년을 기원하며 민속놀이를 즐겨요

힘든 농사일을 시작하기 전,
한 해의 첫째 달인 정월에는 여러 가지 민속놀이를 즐겼어요.
이긴 쪽은 그해에 풍년이 든다고 하여
마을 대항으로 줄다리기, 횃불싸움, 돌팔매 싸움 등을 했어요.
횃불싸움은 두 마을이 양쪽 언덕으로 편을 가르고,
마을 대표들이 횃불을 휘두르며 달려가 상대편의 영역을 빼앗는 놀이에요.
돌팔매 싸움은 말 그대로 돌을 던지며 싸우는 놀이였고요.

밥을 많이 먹어요

옛날 기록을 살펴보면 조선 시대 사람들은 밥을 아주 많이 먹었대요.
오늘날의 남자 어른이 먹는 밥의 양보다
조선 시대 남자들은 세 배, 여자들은 두 배 더 많이 먹었어요.
지금처럼 하루에 밥을 세 번 먹는 게 아니라 보통은 두 번만 먹었고,
밥 이외에는 먹을거리가 별로 없었기 때문일 거예요.
또 워낙 몸을 움직이는 일을 많이 했고요.

쌀이 떨어지면 풀뿌리와 나무껍질도 먹어요

조선 시대에는 가을에 수확한 곡식을 일 년 동안 먹었어요.

만일 가뭄이나 홍수로 흉년이 들면,

가을이 되기 전에 먹을거리가 떨어지기도 했지요.

그러면 메밀을 먹거나 그것도 구하지 못하면 풀뿌리와 나무껍질도 먹었어요.

임진왜란이 일어났어요

조선이 세워진 지 200년이 되던 1592년, 일본이 쳐들어왔어요.
전쟁을 미처 준비하지 못했던 조선은 힘없이 한양을 내주고,
당시 왕이었던 선조는 북쪽으로 피난을 떠났지요.
조총을 들고 쳐들어온 일본의 침략에 조선은 엄청난 피해를 입었어요.

이순신 장군

일본의 침략으로 나라의 북쪽 끝인 함경도까지 짓밟히고 있을 때,
다행히 바다에서는 이순신 장군이 적군을 무찌르고 있었어요.
거북선과 판옥선을 앞세운 이순신 장군은 첫 전투에서
일본의 배 26척을 가라앉히고, 일본군 4000명을 무찔렀지요.
뒤이어 사천, 한산도 등에서도 연거푸 승리를 거두었지만,
노량 앞바다에서 일본의 배 200척을 침몰시키는 큰 전투를 이끌다
적의 총에 맞아 세상을 떠나고 말았어요.

의병이 일어났어요

조선의 바다는 이순신 장군이 지키고 있었지만,
육지에서는 일본의 조총 앞에 속수무책으로 당하고만 있었어요.
그러자 내 나라, 내 가족은 내가 지킨다는 마음으로 일어선 사람들이 있었지요.
이들을 의병이라고 해요.
처음에는 곡괭이, 낫 같은 것들을 들고 모였지만 차츰 규모가 커졌고,
나중에는 군인들과 힘을 합쳐 일본을 크게 무찌르기도 했어요.

전쟁의 피해가 엄청났어요

임진왜란을 일으켰던 일본의 도요토미 히데요시가 죽자
7년 동안이나 계속되었던 전쟁이 끝났어요.
그 사이에 많은 백성이 죽고, 경복궁을 비롯한 중요한 건물들이 불탔어요.
또 조선의 귀중한 문화재들을 일본에 빼앗겼지요.

광해군이 쫓겨났어요

임진왜란이 끝난 뒤 왕위에 오른 광해군은
전쟁의 피해를 복구하기 위해 많은 노력을 기울였어요.
그 무렵 중국에서는 명나라가 점차 힘을 잃고 후금의 세력이 커지고 있었어요.
그러다 명나라와 후금 사이에 전쟁이 벌어졌는데,
이때 광해군은 두 나라 중 어느 한쪽도 편들지 않는 중립 외교를 펼쳤어요.
이 일에 더해 광해군은 왕실의 사람을 죽인 죄목으로
결국 왕의 자리에서 쫓겨나고 말았어요.
임진왜란 때 조선을 도와주었던 명나라와 의리를 지키지 않았다고
반발하는 세력이 있었기 때문이에요.

청나라가 쳐들어왔어요

광해군을 쫓아내고 왕위에 오른 인조는 후금을 멀리하고 명나라를 받들었어요.
그러다 화가 난 후금이 조선에 쳐들어왔지요.
후금은 명나라와의 관계를 끊고, 자신들과 형제의 나라로 지내자고 요구했어요.
그 후에도 조선이 계속 명나라를 받들자
후금은 청나라로 이름을 바꾸고 다시 조선을 침략했어요.

남한산성에서의 굴욕

청나라가 한양까지 쳐들어오자 인조와 신하들은 남한산성으로 피했어요.
하지만 청나라 군사들이 남한산성을 둘러싸자
더 이상 버티지 못하고 항복했지요.
인조는 청나라 왕 앞에서 무릎을 꿇고,
바닥에 머리를 대는 굴욕을 당해야 했어요.

청나라로 끌려간 사람들

조선의 항복을 받은 청나라는 인조의 아들인 소현세자와 봉림대군을 비롯해
수십만 명의 사람들을 인질로 데려갔어요.
청나라가 명나라와 전쟁을 할 때,
조선이 명나라 편을 들지 못하도록 하기 위해서예요.
그래서 명나라와의 전쟁에서 이긴 뒤, 소현세자를 조선에 돌려보내 줬어요.

소현세자가 본 세상

인질로 끌려갔던 소현세자는 조선에서 알던 것과는 다른 세상을 보았어요.
조선이 받들었던 명나라가 힘없이 무너지는 것을 직접 보았고,
오랑캐라고 무시했던 청나라가 얼마나 크게 발전하고 있는지 알게 된 것이죠.
또한, 청나라에 들어온 서양의 과학 기술에 깜짝 놀라기도 했고요.

청나라에 복수하자

소현세자는 자신이 보고 들은 것을 아버지인 인조에게 말했지만,
청나라를 두려워했던 인조는 아들의 말을 듣지 않았어요.
그러다 갑자기 소현세자가 죽고,
동생인 봉림대군이 왕위에 올라 효종이 되었어요.
효종은 소현세자와는 다른 생각을 하고 있었어요.
청나라는 오랑캐이고, 반드시 청나라에 복수해야 한다고 생각했지요.
그래서 효종은 청나라를 공격하기 위한 준비를 했지만,
실제로 쳐들어가지는 못한 채 세상을 떠나고 말았어요.

고단한 백성의 삶

일본과 청나라의 침입을 겪은 백성의 삶은 끔찍했어요.
한양의 백성은 백 명에 한 명도 남아 있지 않았는데,
살아 있는 사람들조차 모두 굶주리고 병들어 있었대요.
우리 땅에서 일어난 전쟁이라 논밭의 피해도 커서 먹을 것이 없었어요.
산과 들에서 도토리를 줍거나 나물을 캐서 겨우겨우 목숨을 부지했지요.

세금까지 내라니

먹고사는 것조차 힘든데 나라에서는 세금을 무겁게 거뒀어요.
궁궐이 불탔을 뿐 아니라 나라의 중요한 건물들이 모두 무너져
다시 짓는 데 큰돈이 필요했거든요.
하지만 백성들은 세금을 낼 돈이 없었죠.
세금을 내지 못한 사람들은 고향을 떠나 떠돌거나 도적이 되기도 했어요.

영조의 탕평책

혼란스러운 상황에서도 나라를 다스리는 사람들은 무리를 지어
서로 자기들의 의견이 옳다고 싸우고 있었어요.
그러다 조선의 제21대 왕인 영조가 왕위에 올라 탕평책을 펼쳤어요.
신하의 무리 중 어느 쪽에도 치우치지 않고 공평한 정치를 하겠다는 뜻이에요.
또 영조는 균역법을 만들어 백성의 세금을 줄여 주었고,
억울한 일이 생기지 않도록 반드시 세 번의 재판을 거쳐 벌을 주는 등
백성을 위한 정치를 했어요.

정조의 개혁

영조의 뒤를 이어 왕위에 오른 정조도 영조의 뜻을 이어 탕평책을 펼쳤어요.
또한, 신분 때문에 벼슬길에 오르지 못하던 인재를 새로운 관리로 뽑는 등
백성이 편안히 살 수 있는 나라를 만들기 위해 노력했지요.
청나라와 서양의 과학 기술에 관심을 두기도 했고요.
영조와 정조의 노력 덕분에 백성의 삶은 한결 나아졌어요.

모내기를 해요

예전에는 논에 직접 씨앗을 뿌려 벼농사를 지었어요.
그러다 조선 후기에 모내기하는 방법이 널리 퍼졌어요.
모내기란 씨앗을 먼저 모판에 뿌렸다가
초여름 무렵 논에 옮겨 심는 것을 말해요.
이렇게 하면 곡식을 거두어들인 가을부터 모내기하기 전까지
그 땅에 보리나 다른 작물을 심을 수 있었지요.
같은 땅에서 곡식을 두 번 거둘 수 있게 된 거예요.

감자, 고구마, 고추를 심어요

조선 후기가 되면서 새롭게 기르기 시작한 작물들도 생겨났어요.
좁은 땅에서 많은 양을 거둘 수 있는 감자와 고구마를 심으면서
식량 걱정이 많이 줄어들었고, 담배도 기르기 시작했지요.
또한, 이 무렵부터 시장에 내다 파는 작물도 생겨났어요.
가족이 먹을 식량을 농사짓는 것에서 더 나아가
팔기 위한 상품을 기르기 시작한 거예요.

매운 음식을 먹기 시작해요

임진왜란이 벌어지던 당시, 처음으로 고추가 조선에 들어왔다고 해요.
그러다 조선 후기가 되자 사람들은
고추를 가루로 만들어 김치를 담그기 시작했지요.
우리가 매일 먹는 빨간색 김치가 밥상에 등장한 것이 이 무렵부터예요.
고추장도 이때부터 먹기 시작했고요.

상업이 발달해요

농업 기술이 발전하고 지역마다 특산물이 생겨나면서
사고파는 물건이 많아졌어요.
전국 방방곡곡에 장이 섰고, 장사만 해서 먹고사는 장사꾼도 생겨났지요.
이들은 한 마을에서 많이 생산되는 물건을 싼 가격에 산 다음,
그 물건이 귀한 지역으로 가서 비싸게 팔아 이익을 남겼어요.
이렇게 하여 큰돈을 번 상인들도 등장했어요.

아니 이게 얼마만이야!

오랜만일세!

상평통보를 사용해요

상업이 발달하면서 전국적으로 상평통보라는 돈이 사용되었어요.
상평통보는 구리와 주석으로 만든 동전이에요.
예전처럼 서로서로 물건을 교환하거나 옷감으로 계산하기에
사고파는 물건의 양이 너무 많아졌거든요.
그래서 어떤 물건과도 교환할 수 있고,
가지고 다니기 편한 동전을 사용하기 시작한 거예요.
상평통보 100개가 1냥이었는데, 10냥이면 소 한 마리를 살 수 있었대요.

백성들의 문화가 발전해요

삶에 여유가 생기자 백성들도 문화와 예술을 즐기기 시작했어요.
한글 소설을 읽고 민화를 그렸으며,
사람들이 많이 모이는 장날에는 판소리와 탈춤 공연이 펼쳐졌지요.
일반 백성이 즐긴 문화는 양반의 문화보다 훨씬 솔직하고 재미있었어요.

세도 정치

정조가 갑작스럽게 세상을 떠나자 겨우 열한 살이던 순조가 왕위에 올랐어요.
순조의 할머니인 정순왕후와 그녀의 가문 사람들이 실제 나랏일을 결정했어요.
정조와 사이가 좋지 않았던 정순왕후는 정조의 개혁 정책들을 모두 없앴어요.
이때부터 몇몇 가문들이 조선의 정치를 마음대로 뒤흔드는 시대가 되고 말아요.
이렇게 소수의 가문이 권력을 쥐고,
자신들의 이익만 좇던 것을 세도 정치라고 해요.

천주교가 백성의 마음속으로 들어왔어요

이 무렵 청나라를 통해 다양한 책들이 들어오면서
서양에 대한 책들도 소개되기 시작했어요.
서양의 과학 기술에 호기심을 느낀 사람도 있었고,
모든 사람이 평등하다는 서양의 종교에 관심을 가진 사람들도 있었지요.
천주님을 믿으면 누구든지 하늘나라에 갈 수 있다는 천주교의 신앙을
힘없는 백성들과 여성들이 많이 받아들였어요.

동학이 일어났어요

서양의 학문과 종교가 서학이라는 이름으로 크게 유행하자
최제우가 동학이라는 종교를 새로 만들었어요.
서양 오랑캐에게 백성의 마음을 모두 뺏길까 봐 걱정하여 만든 것이에요.
최제우는 사람이 곧 하늘이니, 모든 사람이 귀하고 평등하다고 주장했어요.
동학 역시 많은 백성의 마음을 사로잡았어요.

다시 힘들어지는 백성의 삶

세도 정치가 계속되면서 몇몇 힘 있는 가문들은
자신들의 욕심을 채우기에만 바빴어요.
하필 이때 가뭄이 들어 백성의 삶은 더 힘들어졌는데,
나랏일을 하는 사람들이 별별 방법으로 세금을 뜯어내기만 한 거예요.
결국 백성들은 폭발하기 시작했고, 이러한 움직임은 전국적으로 퍼져 나갔어요.

흥선대원군

세도 정치가 계속되는 동안 왕들은 허수아비나 다름없었어요.
만만하고 어린 왕족을 왕의 자리에 앉힌 뒤
자기들 마음대로 나랏일을 결정했거든요.
1863년에 철종이 죽자 열두 살의 고종을 왕위에 앉힌 것도 그런 이유였어요.
하지만 고종의 뒤에는 그동안 숨죽인 채 기회를 엿보던 아버지가 있었지요.
고종이 왕이 되자, 고종의 아버지 흥선대원군이 정치를 이끌기 시작했어요.

강한 조선을 만들리라

흥선대원군은 왕의 힘이 다시 강해져야 한다고 생각했어요.
그래야 정치가 안정되고 백성을 잘 보살필 수 있다는 거지요.
따라서 제 욕심만 채우던 관리들을 내쫓고,
능력 있는 사람을 뽑아 나랏일을 맡겼어요.
또한, 일반 백성만 내던 세금을 양반에게도 거두기 시작했고요.
양반들은 불만을 품었지만, 갈수록 나라의 살림은 넉넉해지고
흥선대원군을 지지하는 백성도 많아졌어요.
하지만 흥선대원군이 임진왜란 때 불타 버린 경복궁을 다시 세우는 데
돈과 시간을 많이 들이자, 이것에 불만을 가진 사람들이 늘어났어요.

낯선 모양의 배, 이양선

그 무렵 조선의 바닷가에 서양의 낯선 배들이 자주 나타났어요.
조선의 배와 모양이 다르게 생긴 이러한 배들을 이양선이라고 불렀지요.
처음에 조선 사람들은 이양선을 크게 신경 쓰지 않았어요.
그러다 청나라에 서양의 배가 들어와 아편을 퍼뜨렸고,
이 일로 청나라와 영국이 전쟁을 벌였어요.
청나라가 전쟁에 졌다는 소식이 전해지자 이양선에 대한 두려움이 커졌어요.

통상을 요구하는 이양선

이양선에 타고 있던 서양인들은 점차 조선에 통상을 요구하기 시작했어요.
영국, 프랑스, 미국 등은 이미 공업이 발달하여
공장에서 상품들을 계속해서 만들어 내고 있었거든요.
이 물건들을 조선에 비싸게 팔 계획이었던 거예요.

흥선대원군의 통상 거부 정책

흥선대원군은 서양의 문물이 조선에 들어오는 것을 원하지 않았어요.
서양인들이 통상을 핑계로 조선을 침략할 거라고 생각했거든요.
그래서 "서양 오랑캐가 들어오는데 싸우지 않는 것은
나라를 팔아먹는 것이다."라는 내용이 담긴 척화비를 세우고,
강력한 통상 거부 정책을 펼쳤어요.

고종이 직접 나라를 다스리기 시작해요

흥선대원군이 권력을 잡은 지 10년이 지나자,
어느덧 고종도 스무 살이 넘는 어른이 되었어요.
고종은 이제 스스로 나라를 다스리겠다고 선포했어요.
흥선대원군은 쓸쓸히 자신의 집으로 돌아갔어요.

고종의 개화 정책

고종은 아버지인 흥선대원군과 달리 서양의 여러 나라와 교류하길 원했어요.
조선도 서양의 발전된 과학 기술을 받아들여
강한 나라가 되어야 한다고 생각했지요.
따라서 고종은 개화 정책을 펼치기로 했어요.
개화란 '문을 열어 변화한다'라는 뜻이에요.

강화도 조약

그러던 때 강화도 바닷가에 낯선 배 한 척이 나타났어요.
그 배와 조선의 군사들은 서로 대포를 쏘며 맞섰어요.
일본이 운요호라는 배를 조선에 미끼로 보낸 거예요.
자신들이 입은 피해를 보상하라는 핑계로 통상을 요구했지요.
이 일을 계기로 조선은 일본에 항구를 열고, 강화도 조약을 맺었어요.
우리나라가 외국과 맺은 최초의 통상 조약이었지요.
하지만 조선은 외국과 어떻게 조약을 맺어야 하는지 잘 몰랐기 때문에
강화도 조약에는 조선에 불리한 내용이 많았어요.

앞선 문물을 배우자

비록 불평등한 내용의 조약이었지만,
외국과 통상 조약을 맺으면서 조선은 변하기 시작했어요.
고종은 조선보다 먼저 서양 문물을 받아들여 발전하고 있는
청나라와 일본에 사람들을 보내 앞선 문물을 배워 오게 했어요.
이후로 조선도 빠르게 근대의 문물을 받아들였어요.

밤을 대낮처럼 환하게 만든 전깃불

1887년 3월 6일 밤, 경복궁이 갑자기 환해지면서
고종을 비롯해 모여 있던 사람들이 환호성을 질렀어요.
조선에 처음으로 전깃불이 들어온 거예요.
궁궐에서 시작된 전등불은 얼마 지나지 않아 종로 거리를 밝히기 시작했어요.
그리고 곧 서울을 비롯한 도시 사람들은 환한 밤길을 걸을 수 있게 되었죠.

전화를 사용해요

전기가 들어오면서 전신과 전화를 이용하기 시작했어요.
전신은 편지 대신 전기 신호로 소식을 주고받는 장치를 말해요.
그러다 곧 전화도 사용하게 되었지요.
처음에 사람들은 전화기 속에 진짜 사람이 들어 있는 줄 알았대요.

조선을 차지하려는 청나라와 일본

청나라와 일본은 조선보다 먼저 나라의 문을 열고 서양과 교류했어요.
빠른 속도로 서양의 과학 기술을 받아들이며 발전해 나갔지요.
그러면서 서양 강대국이 자기 나라에 했던 일을 조선에 똑같이 하려고 했어요.
자신들의 공장에서 만든 물건을 많이 팔아 치우고,
조선의 곡식과 원재료를 싼값에 많이 사 가려고 한 거예요.
더 나아가 조선을 통째로 차지하려는 욕심을 키워 나갔어요.

이성계가 조선을 세웠다.

태종이 신문고를 만들어 백성의 억울한 사정을 들어주었다.

조선 후기가 되자 농업과 상업이 발달했다.

백성들의 문화가 발전해 판소리와 탈춤놀이를 즐겼다.

이양선이 등장해 조선에 통상을 요구했다.

조선 시대에는 새벽 4시마다 한양의 문을 열면서 종을 쳐 백성에게 시간을 알려 주었다.

세종대왕이 백성을 위해 한글을 만들었다.

영조와 정조의 개혁 정책 덕분에 백성의 삶이 한결 나아졌다.

일본과 청나라의 침입으로 백성들은 큰 어려움을 겪었다.

전기, 전화 등 근대 문물이 빠른 속도로 들어오기 시작했다.

"아하!
왜 그런 소리가 나는지 이제 알겠어!"

601호 조선 시대 사람들과 함께 찰칵!

601호 조선 시대 이야기 끝 >>>